AF234076

TRAITÉ

DE

LA CHATAIGNE,

Par M. PARMENTIER, Pensionnaire de l'Hôtel des Invalides, Censeur Royal, Membre du Collège de Pharmacie de Paris, des Académies des Sciences de Rouen & de Lyon, Honoraire de la Société Economique de Berne, Démonstrateur d'Histoire Naturelle, & Apothicaire-Major de l'Armée du Roi.

A BASTIA;

Et se trouve

A PARIS,

Chez MONORY, Libraire de S. A. S. Mgr le Prince DE CONDÉ, rue & vis-à-vis l'ancienne Comédie Françoise.

M. DCC. LXXX.

AVERTISSEMENT.

LORSQUE j'ai indiqué la manière de faire du pain de Pommes de terre, j'offrois aux Habitans des campagnes une forme de plus pour rendre l'aliment que ces racines contiennent, plus substantiel & plus commode, pour en prolonger la durée d'une récolte à l'autre, & les approprier encore à la nourriture; soit qu'elles eussent été surprises par la gelée ou par la germination, soit qu'elles péchassent du côté de la maturité. Avec ces intentions, je me croyois à l'abri d'une censure amère.

Quelque inappréciables que soient ces avantages dans un temps de disette, je n'ai pas été surpris de voir M. Linguet ridiculiser ma proposition, puisque le meilleur des pains n'avoit pu trouver grace auprès de lui, & qu'en général il s'étoit déclaré l'ennemi des farineux fermentés; mais je ne pouvois imaginer qu'en présentant une arme redoutable contre le

monopole, & le moyen le plus assuré d'é-
carter la famine de nos foyers, je dusse
être taxé par ce célèbre Ecrivain de crime
de lèse-humanité.

Cependant, si les détails qui précèdent
ceux de la manipulation du pain de Pommes de terre, n'ont pas suffi pour me dis-
culper d'une semblable accusation; si les
Annales politiques ont pu donner des im-
pressions défavorables à l'égard du motif
de mon travail & de ses effets; on pourra
consulter la Lettre de M. Tissot, adressée
à M. Hirzel, Conseiller d'Etat de Zurich.
L'Auteur y prouve que tous les maux que
M. Linguet accumule sur l'existence du
blé, ne sont dus absolument qu'à la nature des terrains, à leur mauvaise préparation, à la manière peu économique de
les ensemencer, & à l'inégale distribution
tant des récoltes, que de l'étendue des
champs exploités par le même agriculteur;
il démontre que les reproches faits au
pain n'ont aucun fondement; qu'il n'y
pas d'aliment plus salubre, plus digestible;
qu'enfin le blé & le pain ne sont perni-

cieux ni du côté de la politique, ni du côté moral & physique.

En effet, les louanges données de toutes parts au pain, le font regarder comme un bienfait accordé à la société. Le goût pour cet aliment est celui que nous perdons le dernier, & son retour est le signe le moins équivoque de la convalescence ; il convient à tout âge & à toutes sortes de tempéramens ; il corrige les autres nourritures, & influe sur nos bonnes ou nos mauvaises digestions ; il accompagne les mets depuis le commencement jusqu'à la fin du repas ou frugal du pauvre, ou somptueux du riche ; enfin, il est tellement propre à notre constitution, qu'à peine nous respirons, nous montrons déja pour lui une sorte de prédilection, & qu'ensuite, dans le cours de la vie, nous ne nous en lassons jamais.

Ce sont ces excellentes qualités reconnues depuis tant de siècles, & avouées par tous ceux auxquels le pain sert de nourriture fondamentale, qui m'avoient engagé à en développer tous les avantages dans

un Mémoire deftiné d'abord à concourir
pour le prix d'une de nos Académies,
dont le fujet étoit d'indiquer l'aliment le
plus analogue à l'efpèce humaine. Je ne
doute plus maintenant que cet aliment
n'exifte parmi les farineux, & que la panification ne foit précifément le fecours
que la nature demandoit à l'art pour per-
fectionner & accomplir fon ouvrage, depuis, fur-tout, que M. Tiffot a ajouté
fes lumières à mon idée. L'opinion d'un
Savant qui a donné une multitude de preu-
ves de fon attachement pour la conferva-
tion, la fanté & le bonheur des Peuples,
doit être du plus grand poids.

Combien fe font trompés ceux qui ont
cru que le grain, pour arriver à l'état de
pain, avoit été dénaturé dans fes propriétés alimentaires ! Les changemens fuccefiifs
qu'il a éprouvés depuis fon état naturel,
jufqu'à fa fermentation & fa cuiffon, font
autant de pas faits vers la perfection ; &
s'il étoit poffible que le luxe eût influé
fur cet objet, on pourroit dire que pour
la première fois l'homme & la plante n'ont

rien perdu aux soins de cet ennemi de l'aisance. Il est même démontré incontestablement que la farine qui a acquis sous la forme panaire, du volume & du poids, a augmenté aussi d'un tiers, au moins, du côté de l'effet nutritif; ce qui doit servir à compenser les soins que demande le pain. L'art de le préparer eut des commencemens fort grossiers, ainsi que toutes les inventions humaines : jetons un coup d'œil sur ces nuances.

L'opinion la plus généralement adoptée, c'est qu'on commença à manger les grains entiers & cruds, à l'instar des autres végétaux : on les ramollit ensuite dans l'eau par la cuisson, & on en fit usage comme nous faisons du riz; mais leur viscosité & leur fadeur dans cet état, engagèrent à les soumettre à une torréfaction préalable, qui les rendit plus légers & plus sapides. C'étoit déja quelque chose : le broiement des dents, le mélange de la salive, n'en furent pas moins nécessaires. On a pensé aux pilons & aux meules. Les grains perdirent alors l'écorce dont ils sont revêtus; plus purs & plus divisés, ils servirent à former les gruaux, les bouillies, les pâtes, les galettes, toutes formes qui soulagèrent les instrumens de la mastication. Mais l'industrie se perfectionnant à mesure que la frugalité des premiers peuples disparoissoit, on entreprit quelques recherches pour améliorer ces diverses préparations du blé, qui, quoique déformé, combiné avec l'eau, & cuit, n'offroit pas encore un aliment ni assez commode, ni assez durable, ni assez ragoûtant pour remplir toutes ces vues. Peut-être un morceau de pâte oublié, ou égaré, qu'une bonne ménagère n'aura pas voulu perdre, ayant présenté, après la cuisson, une galette plus sapide & plus légère que la bouillie, a conduit naturellement à l'idée du levain.

Que nous soyions redevables de la découverte importante du levain au hasard, ou que nous y ayions été amenés insensiblement par le raisonnement & l'observation, peu importe; c'est toujours à l'époque de cette découverte qu'il faut faire remonter l'ancienneté du pain : jusques-là les grains ne fournissoient qu'un composé grossier, sans apparence & sans goût. Les Egyptiens, frappés des bonnes qualités du pain, semblent être les premiers qui érigèrent sa fabrication en art; il fut cultivé avec succès dans la Grèce, & perfectionné par les Romains qui abandonnèrent l'usage de manger les farineux sous la forme de bouillie, dont ils étoient amateurs passionnés, pour ne se plus nourrir que de pain. La réputation de cet aliment se répandit, & est devenu le goût dominant, non-seulement de l'Europe entière, mais de beaucoup de contrées des autres parties du monde : on lui rend hommage dans tous les pays où les grains qui en tiennent lieu ne sauroient prendre sa forme, soit en le servant sur les tables comme un mets délicat & de sensualité, soit en rapprochant ces grains de la nature de notre aliment. Enfin, le pain, ainsi que le blé, sont connus de tous les Peuples industrieux & cultivateurs.

Voilà néanmoins que dans le dix-huitième siècle, un seul homme emploie son

génie, son savoir & son éloquence, pour
essayer de nous persuader que le blé, dont
les premiers cultivateurs ont été déifiés,
est un présent fait par la nature dans sa
colère ; & que le pain, regardé par les
Romains comme une de leur plus belle
conquête, dont les succès se soutiennent
constamment depuis une longue suite d'an-
nées, ne doit plus être considéré que
comme *un poison, une drogue meurtrière,*
auquel il faudra préférer ces galettes pla-
tes, visqueuses, lourdes & insipides, ou
bien cette colle fatigante, indigeste &
désagréable. Le pain, un poison lent ! Cette
idée, à laquelle on a de la peine à se fa-
miliariser, rappelle le bon mot de l'ingé-
nieux Fontenelle, à qui on disoit que le
café étoit aussi un poison lent : Oui, bien
lent, répliqua - t - il, car il y a plus de
quatre-vingts ans que j'en bois ; il ne m'a
pas encore tué.

En exagérant les travaux, les gênes &
la dépendance auxquels la culture du blé
& la fabrication du pain nous assujettissent,
M. Linguet félicite les Peuples de se nourrir

de préférence d'une bouillie *mangeable
sans appręt ;* comme si cette préparation
n'en exigeoit pas autant, pour le moins,
que le pain, sans en réunir les avantages.
Empruntons le pinceau délicat de M. Linguet pour les peindre. Quand le grain,
destiné à faire de la bouillie, est rentré dans
la grange, il faut le soumettre au fleau, &,
par des efforts violens, l'arracher de l'asile
où la nature l'a renfermé ; employer le van
& le crible pour le nettoyer, le porter au
moulin, se servir du secret fatal de le mou-
dre, de le sasser, de le bluter. Enfin, la
farine est faite : vous croyez qu'il ne s'agit
plus que de s'en nourrir ; elle est bien loin
encore d'offrir un aliment : il faut la délayer
dans une marmite avec de l'eau ; y ajouter
des assaisonnemens ; la placer sur le feu,
& remuer sans discontinuer pendant une
heure : la plus légère inattention la gru-
melle ; trop de flamme lui communique
un goût de fumée ; la chaleur trop vive du
charbon la brûle, & lui donne une épaisseur
indigeste. Je suppose que ces accidens
soient prévus & évités, la bouillie paroît sur

la table : ce n'est pas une substance dorée à sa superficie, œilletée, blanche & flexible dans son intérieur, qui affecte agréablement tous les organes ; c'est une masse gluante, recouverte d'une pellicule ténace, d'un blanc terne, & exhalant l'odeur de la colle, qu'il ne faut pas différer d'avaler ; refroidie, elle est trop épaisse ; elle s'aigrit d'un repas à l'autre, & ne tarde pas même à pourrir. Telle est la nourriture préférée par l'Auteur au pain, à cet aliment qu'un seul ouvrier peut préparer en deux heures pour les besoins journaliers de quatre cents personnes ; qu'il est possible de porter par-tout & de confondre avec tout, sans courir les risques d'en être jamais incommodé. On demande sérieusement quel est l'aliment aussi commode qu'on puisse fabriquer avec autant de facilité, & qui soit moins coûteux que le pain ?

Maintenant, s'il s'agissoit de comparer les travaux qu'exige la culture du riz lui-même, cette plante presque aquatique, avec ceux du blé, on verra que l'air & l'humidité fangeuse, au milieu desquels il germe, croît & mûrit, ne respecte pas

davantage son organisation : il faut dispo-
ser également la terre par les labours à
recevoir le riz ; à peine est-il déposé dans
la cavité qui doit lui servir de berceau ,
qu'il est déja menacé par les animaux ;
échappe-t-il à la rapine, les accidens & les
maladies l'assiègent de toutes parts ; une
surabondance de suc nourricier le rouille ;
une poussière contagieuse le nielle ; un
coup de vent fait ployer la tige; les pluies
accompagnées d'orages pendant la florai-
son , délayent & entraînent les poussières
fécondantes ; la grêle hache le pannicule ,
les plantes parasites l'énervent; enfin, pour
abréger, l'attente du cultivateur de riz n'est-
elle pas aussi souvent trompée que celle du
laboureur , indépendamment des dangers
réels auxquels le premier est exposé? Mais
revenons au pain.

Si M. Linguet eut bien voulu entrer dans
une boulangerie, pour voir & examiner le
levain , il ne lui auroit pas donné les épi-
thètes les plus extraordinaires ; il n'auroit
certainement pas dit que c'est une *matière
infecte ; que le pain est une drogue dont la*

corruption eſt le premier élément que nous ſommes obligés d'altérer par un poiſon pour la rendre moins mal-ſaine; & en conſultant quelques chimiſtes, il n'auroit pas confondu le premier degré de la fermentation ſpiritueuſe, avec le dernier qui eſt la putréfaction; car on ne doit pas préſumer que ſon animoſité contre les farineux fermentés, s'étende juſques ſur nos liqueurs vineuſes, qui ſont préciſément dans le même état que le levain, & qu'après avoir engagé ſes ſemblables à renoncer au pain, il leur conſeille enſuite de boire de préférence le moût, le jus de pomme, la décoction d'orge. Il ſeroit injuſte de prêter une pareille idée à un homme auſſi éclairé.

Tous les Médecins feront auſſi obſerver à M. Linguet, que ſans doute il a voulu parler des effets dangereux de la bouillie, & non du pain, lorſqu'il a dit *que de toutes les matières que l'eſtomac de l'homme peut digérer ſans ſe détruire tout d'un coup, il n'y en a peut-être point qui ſoit plus nuiſible, d'une digeſtion plus laborieuſe & plus accablante; elle fait un ſang épais qui circule avec peine, qui se corrompt aisément.* Ce sont ces inconvéniens que la bouillie occasionne réellement, qui ont donné lieu à tant de recherches pour en prévenir les suites ; mais, après bien des essais infructueux, on a fini par en proscrire l'usage, aux enfans sur-tout, en le remplaçant par le pain sous la forme de panade, qui réussit merveilleusement bien au premier âge & à la décrépitude.

Les excès pour ou contre, ne devroient jamais servir, dans aucun cas, pour prononcer sur les propriétés d'une substance quelconque. Il est étonnant que M. Linguet s'en appuie pour inculper la salubrité du pain pris immodérément, en citant, comme tant d'autres, cet aphorisme si connu, sans rapporter un exemple, une observation, un fait qui attestent que si l'indigestion du pain est arrivée, elle ait produit des effets aussi funestes ; personne n'a même indiqué l'Auteur d'où cette sentence a été tirée. M. Malouin, qui a fait beaucoup de recherches à ce sujet, convient même qu'elle ne se rencontre dans aucun ouvrage grec, latin & françois. Cet Académicien prétend que celui qui y a donné lieu, c'est Avicennes, qui en parlant des précautions que tout aliment exige pour en faire usage sans danger, rapporte quelque chose à peu près semblable. Suivant toute apparence, la confection du pain du temps où vivoit ce Médecin Arabe, n'étoit pas au point de perfection qu'elle a atteint de nos jours. D'ailleurs, le pain, au sortir du four, a encore quelques-uns des caractères de la bouillie; il est collant & visqueux; mangé chaud, il gonfle & se digère moins aisément que quelque temps après la cuisson.

Mais M. Linguet n'a certainement pas été égaré sur la foi d'autrui, lorsqu'il a avancé que *la multitude d'autres alimens dont les gens aisés se gorgent parmi nous, est une espèce de contre-poison qui affoiblit les effets pernicieux du pain.* Aucun ouvrage de Médecine n'a pu l'induire en erreur dans cette occasion : tous disent & prouvent le contraire. L'acide doux que les farineux portent dans nos humeurs, empêche leur disposition à la putréfaction. *Huxham* & tant

d'autres

d'autres Médecins de la même réputation affurent que c'eft au pain que nous avons l'obligation, fi l'ufage de la viande n'occafionne pas de défordres dans l'économie animale.

Enfin, comment eft-il permis de croire que M. Linguet ne met pas de fanatifme dans fon fyftême, & qu'il n'a pas pris à tâche de rendre le blé le plus méprifable des végétaux, lorfqu'il l'a qualifié de *malheureufe petite production feptentrionale, qui femble appeler la faim au lieu de la chaffer, ... dont l'épi contient plus de malheurs peut-être encore que de grains ?* En Europe même, ajoute l'Auteur des Annales, dans une note, *la récolte du foin & la vendange font fignalées par des réjouiffances ; la moiffon ne l'eft que par une morne & trifte pefanteur : dans les deux autres le manouvrier fent qu'il amaffe des richeffes ; & dans celle-ci, qu'il fabrique des fers.* Quelques réflexions fuffiront pour faire appercevoir que ces différens états dépendent de la nature des objets qu'on recueille, & non de l'idée qu'on s'en forme.

La tristesse du manouvrier n'est qu'apparente ; elle vient souvent de la chaleur durant laquelle il fait la moisson , du respect qu'il porte à sa nourriture principale , de son attention à ne rien perdre, soit en sciant & en faisant la gerbe , soit en la mettant dans la voiture , car il sait que le meilleur grain est celui qui tombe sans effort. Le faucheur est plus distrait ; il court d'une extrémité à l'autre du pré , foule aux pieds l'herbe coupée , la retourne , la jette sans précaution dans la voiture , saute dessus pour l'entasser , & n'a pas les mêmes craintes. Le vendangeur moins aisé , a l'air plus gai , la saison de son travail est moins chaude , il n'a rien à redouter de la pluie & du brouillard : si le raisin qu'il rapporte au pressoir , s'écrase en chemin par les secousses de la hotte , c'est autant de fait pour la cuve. Ainsi , quand l'utile est à l'abri , on voit le moissonneur se livrer également à l'agréable , annoncer par des bouquets , par des danses , par des chants , son alégresse , & les présens de Bacchus arroser les dons de Cérès. Mais je n'ai

pas envie de difcuter ici les affertions que
M. Linguet a répandues dans fa diatribe
fur le blé & le pain ; toutes les fois qu'on
fuppofe de bonnes intentions à un Ecrivain de l'ordre de celui que je cite, on
doit l'avertir, & non le critiquer.

Les prés & les vignes que M. Linguet
voudroit qu'on fubftituât aux champs de
blé & de feigle , ne conviennent pas
à tous les terrains , à toutes les ex-
pofitions , à tous les climats ; leurs récoltes font en outre expofées à plus d'accidens que les grains ; & , comme l'obferve
très-bien M. Tiffot , en fuppofant que
le riz mérite les éloges que l'Auteur des
Annales lui prodigue, il eft très-effentiel
d'en interdire la culture dans le Royaume,
puifqu'il n'exifte pas de genre de produc-
tions plus préjudiciable à la fanté & à la po-
pulation. Un particulier avoit établi dans
le Bugey des rizières ; elles occafionnèrent
tant de mortalités , qu'il fut obligé de
s'évader pour fe fouftraire à la vengeance
publique. On ne fauroit donc trop applau-
dir à la fageffe éclairée du Confeil fou-

verain du Roussillon, qui a défendu cette
culture.

Tout le monde convient que le riz est
digne de notre admiration & de notre
reconnoissance, à cause de la facilité qu'il
a de se conserver sans frais, de supporter
les plus longs trajets, & d'exiger peu
d'apprêt: mais il s'en faut que l'expérience
& l'analyse l'admettent comme le plus
substantiel des grains. Décomposé, il ne
fournit pas autant de produits huileux &
salins que le blé. L'amidon ne s'y trouve
pas plus abondant. Il ne possède point
de matière glutineuse, & ne donne pas
autant d'esprit ardent dans la chaudière
du Bouilleur ; circonstances qui sont la
preuve la plus complette que le riz, sous
le même poids & le même volume, ne
renferme pas autant de matière nutritive
que le blé. Il paroît même que si les
Peuples chez lesquels le riz tient lieu de
pain, ne le rapprochoient pas de la nature de cet aliment, en le faisant seule-
ment crever, ce grain si intéressant ne
procureroit que les effets d'une bouillie

qui raſſaſie beaucoup & nourrit peu ; deux effets qu'il faut bien diſtinguer.

Malgré la certitude où je ſuis que le blé eſt le plus précieux des grains , & le pain qui en réſulte le meilleur de nos alimens, je ne me ſuis jamais aveuglé au point de prétendre que ce ſoit la ſeule nourriture convenable à l'homme , & qu'il périroit ſi une fois il en étoit privé. J'ai indiqué les grains qu'il falloit manger ſous la forme de bouillie : tel eſt par exemple le ſarraſin, que M. Linguet préfère encore au froment, quoique ce ſoit, après le millet, le moins riche en farine. Le projet de M. de Sully avoit été d'en proſcrire la culture ; il l'eût exécuté, ſi de ſon temps la pomme de terre, qui vient très-bien dans les terres à blé noir , avoit été connue dans le royaume. Mais je ne plains ni ne félicite les Peuples qui peuvent ou ne peuvent pas ſe nourrir de pain ; je déplore ſeulement les pays dont les Habitans ſont forcés de chercher leur ſubſiſtance journa-lière dans une racine comme le magnoc, où l'aliment eſt placé à côté d'un poiſon qui n'eſt pas chimérique.

Je suis donc bien éloigné de proposer aux Habitans des pays qui vivent de riz, de millet, de châtaigne, &c. d'en préparer du pain; & à ceux qui ont beaucoup de pommes de terre, de renoncer à manger ces racines en nature. Qu'il me soit permis de rappeler le langage que j'ai toujours tenu aux Cultivateurs : *Dix degrés de chaud & de froid ont suffi souvent pour anéantir votre provision de l'hiver en pommes de terre. Quand cet accident arrive, au lieu de vous abandonner à la douleur & au désespoir, ou bien de courir les risques de vous alimenter d'une substance nuisible & de mauvais goût, retirez de vos racines altérées la farine qu'elles renferment; elle est aussi saine & aussi nourrissante qu'avant la gelée & la germination. L'usage des pommes de terre n'exclut pas celui d'un pain quelconque, soit d'avoine, d'orge ou de sarrasin : ce pain est toujours coûteux & mauvais. Associez-y la pulpe de pommes de terre pour un tiers ou pour un quart, vous vous procurerez aisément une nourriture plus abondante, plus agréable & plus économique. Enfin, n'avez-vous que des pommes de*

terre, *confacrez-en une partie à la panifica-*
tion ; *& l'autre*, *faites-la cuire dans l'eau &*
fous la cendre, *ce fera le moyen de trouver*
dans le même végétal la bonne chère, *du*
pain, *& peut-être un jour la boiffon.* Je n'ai
jamais varié dans mon opinion à ce fujet.
M. Linguet pourroit s'en affurer en pre-
nant la peine de parcourir mes Mémoires
fur les alimens ; nulle part il ne verra
l'emploi de mon temps & de mes foibles
connoiffances fe diriger vers les recherches de raffinemens : le luxe de nos tables
n'a rien gagné à mes expériences, & je
ne crois pas qu'on y apprenne à perfec-
tionner les bifcuits, les gâteaux & les
crêmes. La nourriture principale du Peuple eft ma follicitude ; mon vœu, c'eft d'en
améliorer la qualité & d'en diminuer le
prix.

Je ne puis, avant de finir, me difpenfer
de raffurer ceux qui, s'étant laiffé fubjuguer
par l'autorité de M. Linguet, pourroient
craindre que la panification de la pomme
de terre n'entraînât les mêmes abus que
le commerce des grains mal gouverné ;

le volume de ces racines, leur mollesse, la très-grande quantité d'eau qui en constitue un des principes, empêcheront toujours qu'on en fasse de grands magasins. Les différentes vicissitudes de chaud & de froid les détériorant en peu de temps, il ne sera pas possible de les transporter au loin; il faudra donc les consommer sur les lieux comme les menus grains. Ainsi, pour nous servir des expressions de M. Tissot, *la panification de la pomme de terre est sans danger; elle ne rendra point ces racines inutiles; elle n'enfantera ni magasin, ni monopole, ni famine.... Si, dans la grande abondance des pommes de terre, le Laboureur en prenoit du dégoût; si ses domestiques se plaignoient qu'il ne leur donne rien autre, il pourroit quelquefois faire du pain, pour avoir cette diversité qui plaît à tous les ordres.* Quelle autorité plus respectable pourrois-je citer en faveur de ma proposition?

Je ne me permettrai plus qu'une seule observation. Tout en formant des vœux pour que jamais mon travail ne devînt un besoin, befoin, puifque alors je fuppofois difette de grains ou un malheur inopiné, je ne m'étois pas flatté, en le publiant, d'accréditer ces racines au point d'étendre leur culture en une année, plus que n'avoient fait une foule d'avis patriotiques depuis vingt ans. On l'a adopté dans des cantons d'où les préjugés fembloient l'avoir banni pour toujours, enforte que le prix de cette denrée qui a baiffé de moitié au moins, a procuré au Peuple pendant l'hiver, la faculté de fe nourrir abondamment & à peu de frais.

Puiffe le travail que je foumets aujourd'hui au jugement du Public, procurer le même avantage, & réveiller fur le compte du Châtaignier les Habitans des cantons où cet arbre peut offrir les plus grandes reffources. N'ayant aucun fyftême à établir ou à défendre, je dis qu'il eft inutile de chercher à dénaturer la Châtaigne pour en faire du pain, avec la même franchife & la même modération que j'en ai mis lorfqu'il a été queftion d'établir le contraire à l'égard de la pomme de terre : ma pré-

tention unique eſt d'être utile; & ſi quel-
qu'un plus inſtruit que moi ſur les objets
que j'ai traités, eſt conduit à de nouvelles
recherches, je deſire qu'elles ſoient plus
heureuſes.

TABLE DES ARTICLES.

TABLE DES ARTICLES.

Fin de la Table.

Faute à corriger.

Page 2, ligne 1, arbre à Pin, *lisez* arbre à pain.

TRAITÉ